Klaus G. Förg

ROSENHEIM

Städtisches Museum

Klaus G. Förg

ROSENHEIM

Edition Förg

MÜNCHEN
Vaterstetten
Neubiberg
Unterhaching
Taufkirchen
Grünwald
Kirchseeon
Ebersberg
Grafing
Albaching
Soyen
Babensham
Wasserburg
Edling
Pfaffing
Eiselfing
Ramerberg
Griesstätt
Schonstett
Rott
Schaitsee
Tacherting
Trostberg
Amerang
Obing
Traunreut
Alz
Höslwang
Halfing
Vogtareuth
Söchtenau
Eggstätt
Seebruck
Brunnthal
Glonn
Aßling
Aying
Sauerlach
Tuntenhausen
Schechen
Bad Endorf
Inn
Glonn
Feldkirchen-
-Westerham
Groß-
karolinenfeld
Prutting
Breitbrunn
Gstadt
Rimsting
Chieming
Chiemsee
Simssee
Traun
Holzkirchen
Bad Aibling
ROSENHEIM
Prien
Bruckmühl
Stephanskirchen
Weyarn
Irschenberg
Kolbermoor
Riedering
Übersee
Bernau
Bergen
Mangfall
Miesbach
Raubling
Rohrdorf
Frasdorf
Grassau
Bad Tölz
Waakirchen
Neubeuern
Törwang
Aschau
Ruhpolding
Leitzach
Bad Feilnbach
Marquartstein
Gmund
Schliersee
Nußdorf
Brannenburg
Tegernsee
Bad Wiessee
Tegernsee
Fischbachau
Flintsbach
Reit im Winkl
Lenggries
Rottach-Egern
Bayrischzell
Kössen
Oberaudorf
Kreuth
Ursprung pass
Kiefersfelden
Kufstein

Grußwort der Oberbürgermeisterin

Einkaufsstadt, Erlebnisstadt, Hochschulstadt, Holzkompetenz-Stadt – kein Zweifel, Rosenheim hat viele Facetten. Dazu kommt eine besonders günstige Lage in der Mitte der Ballungsräume München, Salzburg und Innsbruck. Das Ergebnis ist eine lebendige und offene Stadt mit hoher Lebens- und Wohnqualität und einer überdurchschnittlich dynamischen Wirtschaft. Die Nähe zu Bergen und Seen, kulturelle Glanzpunkte und gelebtes traditionsreiches Brauchtum bieten unseren Mitbürgern und Gästen ein buntes und vielfältiges Angebot.

Klaus G. Förg hat die Herausforderung angenommen und bringt Ihnen mit diesem Buch seine Heimatstadt in ihrer ganzen Vielfalt näher. Ich hoffe, dieser Bildband wird von vielen Interessierten oft und gerne zur Betrachtung in die Hand genommen und macht Lust auf Rosenheim.

Gabriele Bauer
Oberbürgermeisterin

Wernhardsberg
Langenpfunzen
Westerndorf St. Peter
Mitterfeld
Egarten
Wehrfleck
Erlenau
Rosenheimer Straße
Römer Str.
Ebersberger Str.
Bundespolizei Kaserne
Burgfried
Friedhof
Prinzregentenstraße
Weinlände
Luitpold Park
Fürstätt
Am Gangsteig
Großholz Str.
Meraner Str.
Salzburger Str.
Kufsteiner Str.
Münchener Str.
Kirchbach
Inn
Inn Straße
Innsbrucker Str.
Salin weg
Rohrdorfer Straße
Sims see Str.
Chiemsee Str.
Kastenau
Tegernsee Str.
Miesbacher Str.
Oberau Str.
Kolbermoorer Str.
Georg-Aicher-Str.
Gießerei Str.
Klepper Straße
Oberwöhr Str.
Mangfall
Schwaig
Am Damm
Endorfer-Au Str.
Oberwöhr
Krain straße
Ring Str.
Äußere Münchener Str.
Aisinger Landstraße
Aisingerwies
Am Hirschbichl
Severin Str.
Leitzach Str.
Alpen weg
Kaltwies
Kaltmühl
Kirchen weg
Panorama - Schwaig
Hohenofener Straße
Hohenofen
Heilig Blut
Aisinger Mühle
Happinger-Au-Str.
Moosbach straße
Floriansee
Naherholungsgebiet „Floriansee“
Happingerau see
Happing
Innau straße
Eichfeld straße
Blut - Straße
See Straße
Aising
Grünfeld Str.
Pang
Panger Str.
Panger Kaltenweg
Bergblick
Am Wasen
Westerndorf
Brannenburger Straße
Raublinger Str.
Innfeld Str.
Fabrik straße
Rosenheimer Str.
Happinger See
Inn Str.
Wöhr Str.

INHALT

Das Rosenheimer Rathaus, aus der Fernsehserie »Die Rosenheim-Cops« bekannt als »Polizeipräsidium«
The Rosenheim Town Hall known from the television detective series 'Rosenheim-Cops' as the Police Headquarters
Vorhergehende Doppelseite: Blick über Türme, Blick in die Berge: Heilig-Geist-Straße und Max-Josefs-Platz
Previous double page: view beyond the church towers to the mountains; Holy Spirit Church and Max-Josef Square

Immer schon im Zentrum

Rosenheim: Verkehrsknoten, Handels-, Sport- und Freizeitstadt

Bei dem Stichwort »Rosenheim« denken heute vermutlich zwei von drei Deutschen oder Österreichern zunächst einmal vor allem an eines: an die »Rosenheim-Cops«. Die Fernseh-Krimiserie mit den beiden so gegensätzlichen Kommissaren als Markenzeichen hat sich seit der Ausstrahlung der ersten Folge im Jahr 2002 zu einem echten Publikumsrenner entwickelt. Der Bekanntheit der Stadt am Inn hat das sehr gut getan und die Neugier der Krimi-Fans auf Rosenheim, seine Umgebung und die Drehorte geweckt. Kein Wunder, dass es inzwischen schon »Stadtführungen auf den Spuren der Rosenheim-Cops« gibt. Manche Rosenheimer wiederum sind durch die Serie zu Schauspielern geworden, denn Bedarf an Statisten ist ständig gegeben. So kann sich die gute alte bayerische Theaterleidenschaft auch außerhalb der zahlreichen Laienbühnen in Stadt und Region austoben.

Vor gut zwanzig Jahren hatte man, wenn der Name der Stadt fiel, ganz andere Assoziationen: Damals spielte der Sportbund Rosenheim im Eishockey ganz oben mit und konnte dreimal den Titel des Deutschen Meisters erobern. Doch auch heute, ohne erstklassiges Eishockey, ist die Sportstadt nach wie vor lebendig: Die Rosenheimer Kanuten (und Kanutinnen) fahren auf internationaler Ebene seit Jahren ganz vorn mit. Und eine rührige Sportvereins-Szene sowie eine Umgebung, die zu sportlichen Aktivitäten nur so einlädt, sorgen dafür, dass Fitness in der Innstadt und in ihrem Umkreis ganz groß geschrieben wird.

Bekannt ist Rosenheim auch noch als Verkehrsknotenpunkt, liegt die Stadt doch fast direkt am Autobahndreieck Inntal. Aber diese Rolle des Ortes hat schon eine große historische Tradition, denn bereits zur Römerzeit führte wenige Kilometer nördlich vom heutigen Stadtzentrum eine Brücke über den Inn, und hier kreuzte die wichtige Ost-West-Straße von Salzburg nach Augsburg die Nord-Süd-Verbindung von Regensburg Richtung Innsbruck. Außerdem wissen wir heute, dass auch zu Zeiten der Römer schon Innschifffahrt betrieben wurde. Kein Wunder, dass eine solch günstige Lage schon damals Gewerbeansiedlungen stimulierte: Zwar nicht genau an der Stelle des heutigen Rosenheim, aber gleich nebenan bei Westerndorf St. Peter/Pfaffenhofen gab es ein bedeutendes Zentrum der Keramikherstellung.

Im Mittelalter entstand eine neue Innbrücke etwas weiter südlich – und mit ihr eine neue Siedlung an der heutigen Stelle. Die ersten urkundlichen Erwähnungen von »Rosinheim« stammen aus den 30er-Jahren des 13. Jahrhunderts – aber natürlich ist möglich, dass der Ort auch schon älter ist.

In jedem Fall blühte auch die neue Siedlung dank der verkehrsgünstigen Lage schnell auf. Im Mittelalter und bis weit in die Neuzeit hinein waren es vor allem der Salzhandel auf der Ost-West-Achse – Reichenhall war überregional bedeutend für die Salzgewinnung – und die Innschifffahrt, die dafür sorgten, dass es hier Handel und Wandel gab. Es wundert nicht, dass viele wohlhabende Rosenheimer Bürger der Vergangenheit Handelsherren und Schiffseigner waren.

Schon 1328 erhielt der Ort das Marktrecht. Weitere Privilegien wie das Recht, Brücken- und Wegezoll zu erheben, oder das Anschüttrecht – das heißt, dass hier das auf dem Inn transportierte Getreide zum Verkauf angeboten werden musste – ließen ihn bald wohlhabend werden. Dabei ist bis

Ein Inn-Schiffszug als Wirtshausschild beim Stockhammer
The sign at the Stockhammer tavern showing a boat being pulled along the river Inn

ins 19. Jahrhundert hinein eines immer gleich geblieben: die Rivalität zum innabwärts gelegenen Wasserburg, wo es ebenfalls einen Flussübergang gab, über den die Salztransporte laufen konnten.

Nicht nur der Inn hat große Bedeutung für die Entwicklung Rosenheims gehabt. Die Entwicklung der Stadt wäre in dieser Form auch undenkbar ohne die Mangfall, die hier in den Inn mündet. Ihr Ursprung ist der Tegernsee, also eine waldreiche Gegend: Es bot sich an, Holzflößerei zu betreiben. Damit stand relativ kostengünstig Brennholz zur Verfügung. Das ist der Grund, warum man Anfang des 19. Jahrhunderts hier, rund 80 Kilometer von den nächsten Salzlagerstätten in Reichenhall entfernt, eine Saline eröffnete: Es war einfacher, die Sole durch eine Rohrleitung bis nach Rosenheim zu pumpen, als Brennstoffe auf dem Landweg nach Reichenhall zu transportieren. So wurde Rosenheim von einem Ort des Salzhandels zu einem Ort der Salzproduktion – bis zum Jahr 1958, als die Saline stillgelegt wurde.

Das Holz von der oberen Mangfall eignete sich natürlich nicht nur zum Verbrennen – und so wurde Rosenheim auch ein wichtiger Standort der holzverarbeitenden Industrie, was die Stadt bis heute geblieben ist. Und weil die Rosenheimer Unternehmer aus dieser Branche Wert auf eine gute Ausbildung ihrer künftigen Angestellten legten, gründeten sie im Jahr 1925 das »Holztechnikum« als deutschlandweit erste und bis zum Jahr 1951 auch einzige Fachschule für Holzverarbeitung. Aus ihm entstand 1971 die Fachhochschule Rosenheim mit mittlerweile sieben Fakultäten. Insbesondere der Fachbereich Holztechnik und Bau genießt als »Rosenheimer Kernkompetenz« weltweit einen guten Ruf. Das ist aber nur ein

Blick vom Ludwigsplatz in Richtung Max-Josefs-Platz mit der »Herbstfest-Bockerlbahn«
View from Ludwig Square toward Max Josef Square with the Autumn Festival 'Bockerl' train

Aspekt der Schulstadt Rosenheim, die mit drei Gymnasien, zwei Realschulen, neun Hauptschulen, einer Fachoberschule sowie einer Reihe von Berufs-, Berufsfach- und Wirtschaftsschulen ein wichtiges »Bildungszentrum« für die ganze Region ist.

Den alten Rivalen Wasserburg haben die Rosenheimer schließlich auch abhängen können – und zwar dank des Eisenbahnbaues: Zwei wichtige internationale Strecken – von München Richtung Innsbruck und Richtung Salzburg – wurden über Rosenheim geführt und bewirkten einen kräftigen Wirtschaftsaufschwung des Ortes, der 1864 von König Ludwig II. zur Stadt erhoben worden war. Mit der Eröffnung weiterer Zweigstrecken wurde Rosenheim ein wichtiger Eisenbahnknotenpunkt mit eigenem Betriebswerk – und damit war die Bahn über viele Jahre ein nicht unbedeutender Arbeitgeber in der Stadt. Außerdem hat die Eisenbahn auch geholfen, den jüngsten unter den wichtigen Wirtschaftszweigen der Innstadt befördern: den Tourismus. Ein attraktives Stadtbild und eine Landschaft mit großem Freizeitwert direkt vor der Haustür – das macht Rosenheim nicht nur zu einem begehrten Wohnort, sondern auch zu einem beliebten Ziel für Erholungssuchende. Und die Vergabe der Landesgartenschau 2010 nach Rosenheim hat mit dazu beigetragen, dass diese Stärken konsequent weiterentwickelt werden.

Und schließlich sollte man noch erwähnen, dass nicht nur eine ganze Reihe von Rosenheimer Unternehmen, sondern auch die Stadt selbst ein »Global Player« ist: Die dritte Städtepartnerschaft schloss man – nach Briançon in den französischen Alpen und Lazise am Gardasee – mit Ichikawa im fernen Japan.

Rosenheim – das Tor zu den Bergen: Blick auf das Alpenpanorama mit Kampenwand und Hochries, im Vordergrund der Stadtteil Happing

Rosenheim – gateway to the mountains: alpine panorama with the Kampenwand and Hochries mountains; in the foreground is the village of Happing

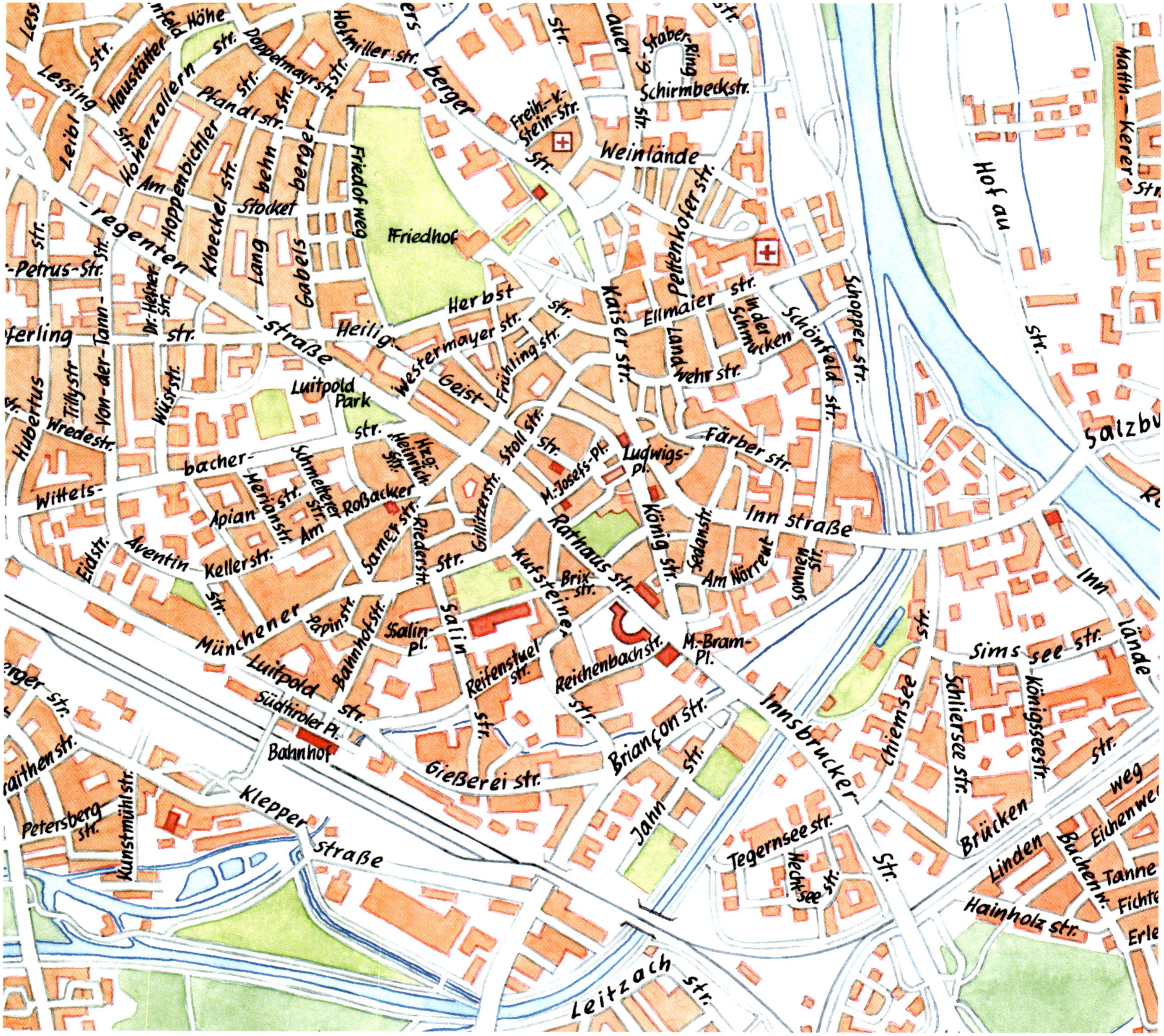
Lessing
Haustätter
Höhe
Hofmiller str.
Doppelmayr str.
berger
Hohenzollern
Leibl
Pfandl str.
Am Hoppenbichler str.
Kloeckel str.
Lang
Stockel
Gabels
behn str.
berger
Friedhof weg
Friedhof
Freih.-v.-Stein-Str.
Weinlände
G.-Staber-Ring
Schirmbeck str.
Pettenkofer str.
-regenten
-straße
-Petrus-Str.
Dr.-Hefner-Str.
Von-der-Tann-Str.
Tilly str.
Wüst str.
Hubertus
Wredestr.
Wittels-
bacher-
Herbst
Heilig-
Geist-
Westermayer str.
Frühling str.
Kaiser str.
Ellmaier str.
In der Schmucken
Land wehr str.
Schönfeld str.
Schopper str.
Hof au
Math.-Kerer-Str.
Luitpold Park
Hzg.-Heinrich-str.
Schmetterer str.
Merian str.
Apian str.
Am Roßacker
Samer str.
Riederstr.
Gillitzer str.
Stoll str.
M.-Josefs-Pl.
Ludwigs-Pl.
Färber str.
Inn straße
Salzbu
König str.
Sedan str.
Am Nörreut
Sonnen str.
Rathaus str.
Kufsteiner
Brix str.
Eidstr.
Aventin str.
Keller str.
Münchener
Papin str.
Bahnhof str.
Salin-Pl.
Salin str.
Luitpold str.
Südtiroler Pl.
Bahnhof
Reifenstuel str.
Reichenbach str.
M.-Bram-Pl.
Innsbrucker Str.
Chiemsee str.
Schliersee str.
Königssee str.
Sims see str.
Inn lände
Briançon str.
Jahn str.
Gießerei str.
Klepper straße
Petersberg-str.
Kunstmühl str.
raithen str.
erger str.
Tegernsee str.
Hechtsee str.
Brücken str.
Linden
Buchenw.
Eichenweg
Tanne
Fichte
Erle
Hainholz str.
Leitzach str.
ferling

Fast wie im Süden

Das Stadtzentrum und sein unvergleichliches Flair

Ob er sich nur deswegen in Rosenheim niedergelassen hat, weil die Stadt so praktisch über den Brenner und das Inntal zu erreichen ist? Oder konnte er als Italiener hier doch leichter heimisch werden als anderswo im Norden? Auf jeden Fall ist eine der berühmten Rosenheimer Bürgergestalten aus der Geschichte der Stadt aus dem »sonnigen Süden« eingewandert. Martin Papin kam um 1550 als Maurergeselle nach Rosenheim, hat sich aber schnell den hiesigen Gepflogenheiten angepasst: Er wurde Bierbrauer, Handelsherr und Schiffseigner. Damit ist er zu einem der reichsten Bürger aufgestiegen und hat seiner Wahlheimat auch einiges Gute getan. Etwa hat er das einst vor den Toren in der heutigen Innstraße liegende Bürgerspital großzügig unterstützt.

Wenn wir heute vor seinem einstigen Wohnhaus stehen, dem Haus »Zum Santa« am Max-Josefs-Platz, dann kommt es uns mit seiner schönen stuckierten Fassade (man sollte unbedingt auch einen Blick in den Innenhof werfen!) tatsächlich südländisch vor. Aber am »Santa« ist nicht mehr viel original so, wie es zu Papins Zeiten war. Dazwischen liegt nämlich eine tragische »Stunde null« für die Stadt: der große Brand von 1641. Nach den damaligen Aufzeichnungen blieb dabei nur ein einziges Haus unversehrt. Beim Wiederaufbau hat sich unter anderem einer nützlich gemacht, dessen Söhne einmal ihre künstlerischen Spuren bis nach Franken und Böhmen hinterlassen sollte: der Baumeister Georg Dientzenhofer.

Der Nikolausturm mit echt »Rosenheimer« Vordergrund
The St. Nikolaus Church spire with a typical Rosenheim foreground

Auch wenn also das südländische Flair, das nicht nur der »Santa«, sondern der ganze Platz mit seinen Laubengängen verströmt, kein Werk Papins ist: Dieser italienische Bürger der bayerischen Stadt beweist, dass es schon vor vielen Jahrhunderten einen »Personal«- – und damit auch einen Gedanken- und Kulturaustausch – mit dem Süden gegeben hat. Längst bevor Lazise am Gardasee Partnerstadt und die Frage, bei welchem Italiener in der Innstadt die besten *Spaghetti alla marinara* zu haben sind, ein Gesprächsthema der Rosenheimer wurde …

Der Max-Josefs-Platz, die »gute Stube« Rosenheims, heute Fußgängerzone und immer wieder Ort von Veranstaltungen vom Bürgerfest über den »Autosalon« bis zum Christkindlmarkt, ist zugleich der älteste Teil der Stadt. Die Siedlung war ursprünglich ein typischer Marktort mit dem großen Platz, der »Schranne«, wie er damals hieß, und ansonsten nur zwei Straßen: der heutigen Heilig-Geist- und der Hafnerstraße. Als im 15. Jahrhundert eine stürmische wirtschaftliche Entwicklung einsetzte, wurde die Schranne für so viel Handel und Wandel zu klein. Es entstand der »äußere Markt«, der heutige Ludwigsplatz. Dadurch verlor das östliche Markttor seine Funktion. Die sparsamen Rosenheimer rissen es aber nicht ab, sondern quartierten hier die Marktschreiberei ein – so wurde es zum »Mittertor« und auf lange Sicht zu einem Wahrzeichen der Stadt. Seine heutige Gestalt hat es aber erst in der Barockzeit erhalten, wie die Zwiebelaufsätze auf dem Turm und dem Dachfirst unschwer erkennen lassen. Die Stadtschreiberei ist zwar längst ausgezogen – dafür ist das Mittertor heute Sitz des Städtischen Museums, das eine Menge interessanter Exponate aus der Geschichte Rosenheims zeigt.

Die Funktion des Marktplatzes nimmt heute mehr der Ludwigsplatz wahr – oder, genauer, dessen östliche Fortsetzung, die mit Recht den Namen »Grüner Markt« trägt, denn hier bauen noch heute regelmäßig die Marktfrauen (und -männer) ihre Stände auf. Durch die Neugestaltung im Zuge der Vorbereitung auf die Landesgartenschau mit neuem Markbrunnen hat der Ludwigsplatz sehr gewonnen.

Im Anschluss an den Markt lagen die »Gewerbegebiete« des frühneuzeitlichen Rosenheim. Im Norden war es der »Salzstadel«, dessen Name noch heute seine einstige Funktion als Salzlagerstätte verrät. Vor etlichen Jahren noch hauptsächlich als Zentrum des Rosenheimer Nachtlebens bekannt, ist er heute als attraktiver »Vorplatz« der Stadtbibliothek zu einer Lokalität geworden, durch die man gerne flaniert.

Im Osten befindet sich das »Färberviertel«. Hier war, wie der Name sagt, einst Handwerkerfleiß zu Hause – jedoch bestimmt keine Wohlgerüche. Auch das hat sich längst geändert. Es ist aber viel historische Bausubstanz erhalten geblieben und zum Teil erst vor kurzem aufwendig restauriert worden. Ein echtes Unikum ist etwa das Weißgerberhaus mit seiner »abgeknickten« Fassade, in dem heute das Café Aran untergebracht ist.

Ein weiteres Beispiel für eine gelungene Sanierung im östlichen Bereich der Altstadt ist der ehemalige Hofbräukomplex an der Ecke zwischen Kaiser- und Weinstraße. »Sanierung« ist eigentlich zu wenig gesagt – es handelt sich um die höchst erfolgreiche Wiederbelebung eines traditionsreichen Veranstaltungszentrums. Das Herz des Gebäudeensembles ist nämlich das 1878 erbaute Ballhaus, jahrzehntelang ein wichtiger gesellschaftlicher Treffpunkt der Stadt. Alte Rosenheimer erinnern sich noch gut an die legendären Faschingsbälle, die dort in den 1950er-Jahren stattgefunden haben. Nach Jahren des Dornröschenschlafs aufwendig restauriert, wird es seit einigen Jahren wieder genutzt, vor allem für Konzert- und Kleinkunstveranstaltungen.

Kurios (und in Zeiten der Zusammenfassung von einst selbstständigen Kirchengemeinden zu »Pfarrverbänden« und »Stadtkirchen« vielleicht auch tröstlich) ist, dass der aufstrebende Markt Rosenheim noch bis zum Jahr 1603 keine eigene Pfarrei war. Die 1315 erstmals erwähnte Stadtpfarrkirche St. Nikolaus gab es zwar schon, aber sie war bis dahin nur Filialkirche des benachbarten Pfaffenhofen am Inn. Aus dem auf den ersten Blick gotischen Aussehen des Gotteshauses sollte man aber auch hier nicht darauf schließen, dass noch irgendetwas an ihm »original« wäre. Denn es musste im Laufe der Jahrhunderte eine ganze Reihe von Veränderungen über sich ergehen lassen, und die heutige bauliche Gestalt geht im Wesentlichen auf einen völligen Umbau mit Erweiterung in den 1880er-Jahren zurück – damals war bekanntlich getürkte Gotik ganz groß *en vogue.* Wenn das Geld gereicht hätte, wäre sogar noch der Turm umgestaltet und die für das Stadtbild so charakteristische barocke Zwiebelhaube gegen einen Spitzhelm ausgetauscht worden. Das Innere der Kirche ist allerdings erheblich neueren Datums: Vor Kurzem wurden die Umbaumaßnahmen abgeschlossen, an denen ein einheimischer Künstler, der Bildhauer Josef Hamberger, an führender Stelle beteiligt war. Ein besonderer Glanzpunkt sind die dabei neu entstandenen Buntglasfenster, darunter das »Magische Fenster«, das von den weltbekannten Illusionisten Siegfried und Roy gestiftet wurde.

Sein zweites Gotteshaus bekam Rosenheim durch Privatinitiative: Im Jahr 1449 stiftete der Bierbrauer Hans Stier die Heilig-Geist-Kirche. Sie war gleichzeitig für die Allgemeinheit und als seine Privatkapelle gedacht, was man heute noch an ihrer Lage sieht: Das Gotteshaus grenzt direkt an den Gasthof Stockhammer, der damals Stier gehörte. Bis ins 18. Jahrhundert hinein gab es mehrere Türen, durch die man vom Stockhammerhaus direkt in die Kirche gelangte. Bekannt ist das »Luccabild«: ein spätgotisches Fresko, das zeigt, wie die Figur des gekreuzigten Christus – er ist im Königsmantel dargestellt – einem Geiger, der ihm zu Füßen kniet, als Dank für dessen schönes Spiel seinen Schuh schenkt. Nach der Legende soll sich diese Szene im Dom zu Lucca abgespielt haben.

Auch Rosenheims dritte Kirche ist eine private Stiftung: die St.-Josephs-Spitalkirche in der Innstraße. Wie der Name sagt, gehörte sie ursprünglich zu dem schon erwähnten Bürgerspital. Der Stifter, Simon Peer, war Handelsherr – was zeigt, dass es nicht nur Bierbrauer im alten Rosenheim zu etwas bringen konnten. Das schlichte barocke Gotteshaus entstand in den

Der Nepomukbrunnen aus ungewöhnlicher Perspektive
The Nepomuk Fountain from an unusual perspective

Jahren 1618/19, das Gewölbe und der Turmoberbau erst 1645, nachdem der Brand von 1641 das Kirchlein schwer in Mitleidenschaft gezogen hatte.

Wuchs der Markt schon in den frühen Jahrhunderten nach Osten, zum Inn und zur Mangfall hin, so war bis ins 19. Jahrhundert hinein die städtische Bebauung am Westausgang des Max-Josefs-Platzes zu Ende. Man kann es sich in unseren Tagen kaum mehr vorstellen, aber der Roßacker, heute in der westlichen Randzone der Innenstadt gelegen, war damals noch der Ausflugsberg der Rosenheimer. Das hatte gute Gründe: Bevor in den 1870er-Jahren Carl Linde die Kühltechnik erfand, mussten die Brauer das Bier über den Sommer unterirdisch lagern, in Kellern, die im Winter immer wieder neu mit Eis von Seen und Flüssen befüllt wurden. Weil der sumpfige Boden in Rosenheim aber den Bau solcher Keller unmöglich machte, wichen die Rosenheimer Bierhersteller auf den kleinen Hügel außerhab der Stadt aus. Und weil solche Keller immer zugleich Orte des Ausschanks waren (der Ursprung

Das Solepumpenhaus in der Kufsteiner Straße
The salt water pumphouse in Kufsteiner Street

aller bayerischen Biergärten!), »wallfahrteten« die Rosenheimer alsbald an ihren freien Tagen in Scharen dorthin.

Wer heute zum Roßacker kommt, sollte nicht nur einem der dort in der Nähe heute noch vorhandenen Lokale einen Besuch abstatten, sondern auch dem Kirchlein »Zu den Sieben Zufluchten«. Auch hier handelt es sich um eine private Stiftung, diesmal zur Abwechslung wieder von einem Bierbrauer, nämlich von Martin Schmetterer. In seinem Auftrag errichtete der Baumeister Abraham Millauer von der Hausstatt im nahen Bad Feilnbach im Jahr 1737 die hübsche Kapelle, die im Inneren sehenswerte Altar- und Deckengemälde von Johannes Zick aufweist. Beinahe wäre dieses Kleinod 1808, nach der Säkularisation, vernichtet worden: Die bayerischen Behörden wollten es als »überflüssig« abreißen. Verhindert hat das wieder ein Bierbrauer: Sebastian Zollner konnte glaubhaft machen, das Kirchlein sei sein Privateigentum, weshalb sich die Obrigkeit mit einer Sperrung begnügte.

Der Startschuss für die Erweiterung des Marktes nach Westen fiel mit einer Industrieansiedelung in diesem Bereich: Im Jahr 1810 ging vor den Toren der Stadt die königliche Saline in Betrieb, die zeitweise die höchste Salzproduktion in Bayern hatte. Von dieser Anlage stehen heute nur noch der »Beamtenstock«, der einst die Wohnungen der Verwaltungsangestellten enthielt, an der Salinstraße, und ein kleines Solepumpenhaus an der Kufsteiner Straße. Wo einst die Schlote rauchten, erstreckt sich jetzt mit dem Salingarten eine der grünen Lungen der Stadt, unmittelbar anschließend erheben sich die Gebäude des Kultur- und Kongresszentrums, mit dessen Bau sich die Rosenheimer im Jahr 1982 einen lange gehegten Traum erfüllt haben.

Den endgültigen Anstoß für eine lebhafte Bautätigkeit im Westen des alten Zentrums gab dann aber die Verlegung des Bahnhofs von der heutigen Rathausstraße (wo das Ausstellungszentrum Lokschuppen und das Rathaus, das einstige Bahnhofsgebäude, noch von dieser Vergangenheit zeugen) an seinen jetzigen Platz im Jahr 1876. Der seinerzeit vielleicht spektakulärste Neubau in diesem Bereich stammt aus den 1890er-Jahren: der nach seinem Erbauer benannte »Gillitzerblock« im Dreieck zwischen Münchener, Prinzregenten- und Gillitzerstraße. Einst als städtebauliche Pioniertat gefeiert, haben von ihm nur die Fassaden hin zur Münchener Straße die diversen Sanierungen überlebt. Das Eckhaus Prinzregenten-/Münchener Straße wurde annähernd originalgetreu wieder aufgebaut.

Ein besonderer Anziehungspunkt ist inzwischen eine ehemalige Industrieanlage ganz am Rand des Zentrums, noch jenseits der Bahnhofsanlagen, geworden: In der Kunstmühle am Mangfallkanal mit ihrem markanten, das Stadtbild prägenden Turm kann man heute beispielsweise im Café Dinzler stilvoll frühstücken, Kuchen essen oder auch feiern.

Am Max-Josefs-Platz – links der Nepomukbrunnen
Max Josef Square with the Nepomuk Fountain on the left

MAXLRAINER
WEINHAUS zum SANTA
MAXLRAINER
MAXLRAINER

Gasthaus Cafe Wendl
Orient
Teppiche
Gasthaus Wendl
Uhren Asmus Schmuck
ROSENHEIMER
Bierspezialitäten

Das Innere der Heilig-Geist-Kirche mit dem Luccabild (rechts)
The interior of the Holy Spirit Church with the 'Lucca' picture (on the right)
Vorhergehende Doppelseite: In Rosenheims »guter Stube«: auf dem Max-Josefs-Platz
Previous page: the best place to sit in Rosenheim is on Max-Josef Square

Der Anfang des Johannes-evangeliums auf Griechisch und das »Magische Fenster«

The beginning of St. John's Gospel in Greek and the 'Magic Window'

Das Innere der Pfarrkirche St. Nikolaus

The interior of St. Nikolaus Parish Church

Folgende Doppelseite: Max-Josefs-Platz und Heilig-Geist-Straße – die ältesten Teile Rosenheims

Next page: Max-Josef Square and Holy Spirit Street, the oldest part of the city

Gerade bei einer Hochzeit bietet die Pfarrkirche St. Nikolaus einen festlichen Rahmen (links).
The parish church St. Nikolaus offers a festive setting, especially for weddings (on the left).
Das historische Zentrum von Rosenheim mit seiner Fußgängerzone (rechts).
Rosenheim's historic town centre with its pedestrian zone (on the right)

CAFE BERGMEISTER

ADLMAIER
MARIEN-APOTHEKE
ORO VIVO
JUWELIERE
Konditorei · Weth · Café

Städtisches Museum

Am Ludwigsplatz: Mittertor-Blick mit Kanonenkugel aus den napoleonischen Kriegen (links); »Fischbrunnen« (oben)
Ludwig Square; view of Mittertor (Gate) with a cannon ball from the Napoleonic Wars (left); the Fish Fountain (above)

Städtisches Museum
GOLD ANKAUF
Trachten

MULZER
citibank

Nicht weit von der St. Nikolauskirche (links oben, rechts) erhebt sich der Turm der evangelischen Erlöserkirche (links unten).
Not far from the Nikolaus Church (above left and right) the spire of the Protestant Saviour Church can be seen (bottom left)
Vorhergehende Doppelseite: Blick auf den Ludwigsplatz
Previous page: view down onto Ludwig Square

Im einstigen Färberviertel: Hier war ein Rossmetzger zu Hause (links); im »Weißgerberhaus« ist heute das Café Aran untergebracht, und dafür scheinen sich auch die alten Römer zu interessieren (rechts).
The former Dyers' quarter: here there was a Horse Butcher's (left); Café Aran is in the former Tawer's House and the old Romans seem to be interested in it too

Vorhergehende Doppelseite: Die Türme von Rosenheim aus ungewohnter Perspektive
Previous double page: the spires of Rosenheim from an unusual perspective

Der Marktfrauenbrunnen von Wolfgang Wright auf dem Ludwigsplatz
Wolfgang Wright's Fountain of the Market Women on Ludwig's Square

Versteckt gelegen, aber einen Besuch wert: die Roßackerkapelle
The Rossacker Chapel is somewhat hidden away, but worth visiting

Der Gillitzerblock ist heute eine elegante Einkaufsmeile. Von dem Ensemble aus den 1890er-Jahren original erhalten sind heute nur noch die Fassaden zur Münchener Straße hin.
The Gillitzerblock is today an elegant shopping mile; only the façades remain of the original ensemble from the 1890s on the Münchener Strasse

Auch ein Wahrzeichen von Rosenheim: die Kunstmühle mit ihrem markanten Turm
Another landmark in Rosenheim: the Kunstmühle with its distinctive tower

Rosenheimer Küchen- und Kommunikationskultur: Szene aus dem Café Dinzler in der Kunstmühle
Rosenheim's 'Cake and Communication culture': a scene from Cafe Dinzler in the Kunstmühle

Vor allem aus der Luft ist zu sehen, dass die Kunstmühle mit ihren Nebengebäuden fast schon zu einem Stadtteil geworden ist (rechts).
The aerial view shows very clearly how the Kunstmühle with the adjacent buildings has almost become a quarter of the town (right).

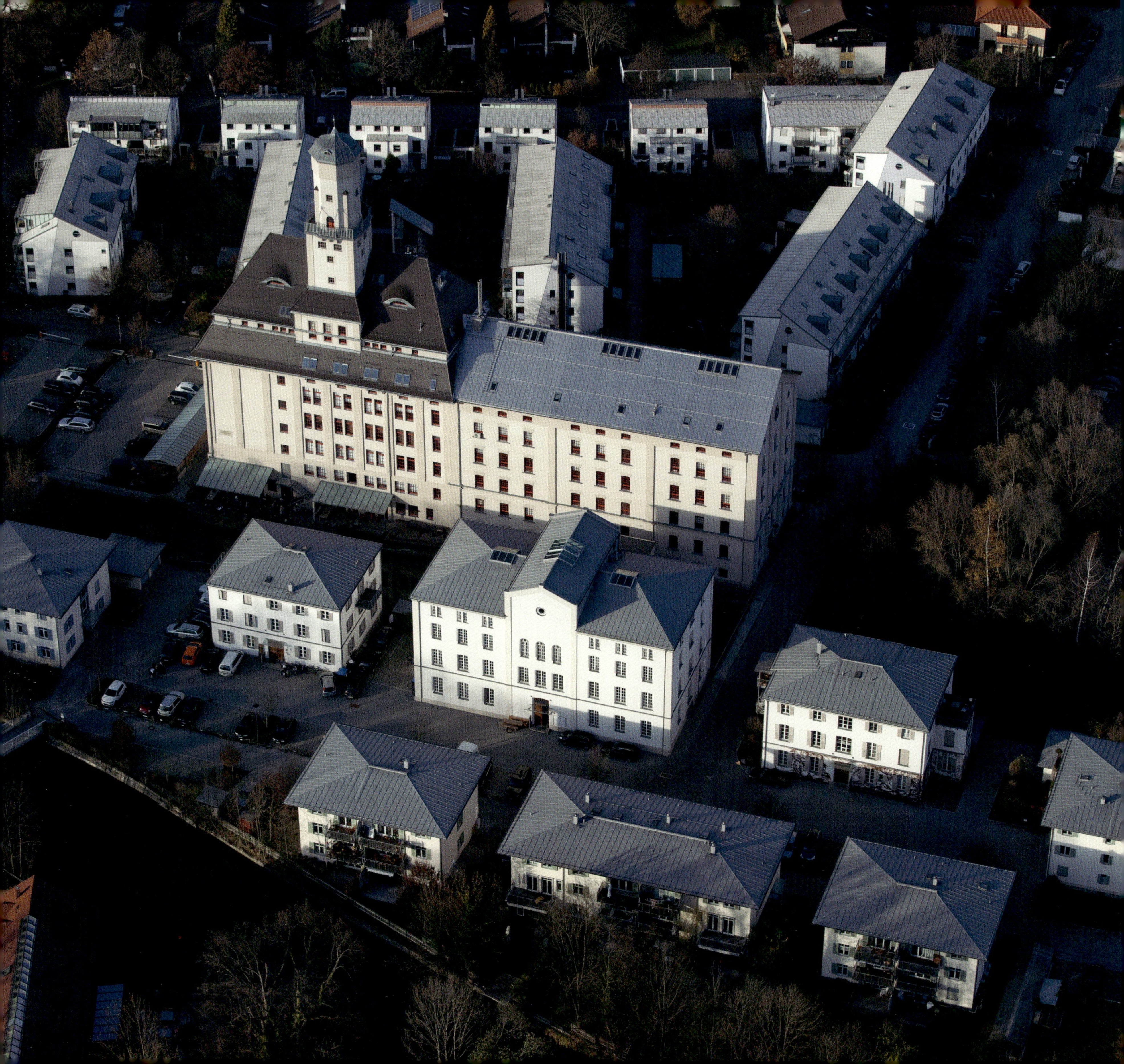

Erst im 19. Jahrhundert bebaut wurde das Gebiet an der Münchener Straße; vorn der Salingarten, im Hintergrund der Turm der erst 1928/29 erbauten Christkönigkirche
The Münchener Strasse area was built in the 19th century; the Salingarten is in the foreground, and the spire of Christ the King Church, built in 1928/29, is in the background

Das renovierte Gebäude der Sparkasse nimmt eine dominante Position im Zentrum der Stadt ein.
The renovated Sparkasse building holds a dominant position in the town centre.

Direkt neben dem Bahnhofsgelände wird das Bier des Auer Bräu gebraut.
The Auer Bräu brews its beer directly adjacent to the railway station complex.

Blumen und Wasser – dank der Landesgartenschau in Rosenheim untrennbar verbunden
Flowers and water are inseparably linked, thanks to the Bavarian State Garden Show

Blumen als Städteplaner

Das Landesgartenschaugelände

Neue Grünzonen schaffen – das ist eines der Ziele, die durch Landesgartenschauen erreicht werden sollen. Es reicht nicht, wenn der Ausrichter einer solchen Veranstaltung ein halbes Jahr lang schönen Schein bietet. Hinter seiner Planung muss, das verlangen die Verantwortlichen, ein langfristig angelegtes städtebauliches Konzept stehen, das nachhaltige Verbesserungen für die Stadt, ihre Bürger und ihre Natur bringt.

Natürlich haben sich auch die Rosenheimer einiges überlegt, als sie sich im Jahr 2001 für die Ausrichtung der Landesgartenschau bewarben. Nicht zufällig hat man für die Schau das Motto »Innspiration« gewählt – ein Wortspiel mit dem Namen des wichtigsten Flusses Rosenheims, der einstigen Lebensader des Ortes. Überhaupt ist man ja eine Stadt am Wasser: Außer dem Inn hat man mit Mangfall, Mühlbach und Hammerbach noch mehrere andere größere und kleinere »Wasseradern«. Genau dieses Kapital galt es wiederzuentdecken: Was lag näher, als die Stadt und ihre Flussläufe wieder zusammenzubringen und dabei gleichzeitig das Gebiet im Osten der Altstadt aufzuwerten?

So verlegte man den Bauhof und den Hubschrauberlandeplatz, um Platz für große Parkanlagen an den Mangfallufern zu schaffen: Der »Mangfallpark Süd« und der »Mangfallpark Nord« wurden nicht nur zur Nutzung bei der Gartenschau angelegt, sondern für Dauer als Erholungs- und Freizeitgelände für die Rosenheimer und ihre Gäste.

Von und zur Innenstadt kommt man über neue Wege, die in großzügige Steg- und Brückenanlagen übergehen – und man legt in der Holzkompetenzstadt Rosenheim großen Wert darauf, dass dabei tatsächlich neben Metall Holz der wichtigste Baustoff ist. Die Brücken und Stege überspannen in langen Rampen und Bögen hintereinander Hammerbach und Mangfall und bieten dabei immer wieder wunderbare Ein- und Ausblicke zu den benachbarten Anlagen. Nur die letzte Brücke im Norden führt nicht über den Fluss, sondern ist ein Aussichtssteg mit einem umfassenden Panorama vor allem innabwärts. Wem das nicht reicht, der kann auf den 16 Meter hohen Aussichtsturm am gegenüberliegenden Innspitz steigen.

Der Hammerbach, früher Wasser- und Energielieferant verschiedener Betriebe am Stadtrand, avancierte jetzt zum »Spielfluss«, einer Erlebniswelt für Kinder. Zentrum ist die Kinderkajakstrecke im Mangfallpark Süd, ebenfalls eine Einrichtung, die über die Gartenschau hinaus weiterbetrieben wird: Der Kajak Klub Rosenheim ist seit Jahren international erfolgreich, und damit das so bleibt, sind verbesserte Möglichkeiten für die Nachwuchsarbeit dringend erwünscht. Aber auch die Staudengärten an den Ufern sollen den Rosenheimern auf Dauer erhalten bleiben.

Der nächste Wasserlauf stadteinwärts ist der Mühlbach – wie auch der Hammerbach früher eine wichtige Lebensader für Gewerbebetriebe in Rosenheim. Es bedarf beträchtlicher detektivischer Fähigkeiten, um seinem Lauf durch die Innenstadt zu folgen, denn auf längeren Teilabschnitten fließt er unterirdisch. Inzwischen wurde er streckenweise freigelegt. Das Gebiet am neu gestalteten »Mühlbachbogen« zwischen Färberstraße und Heizkraftwerk wurde zum gärtnerischen Ausstellungszentrum der Schau von ausersehen – und, nach

Der Mühlbachbogen ist wegen der Landesgartenschau gestaltet worden.
The bend in the Mühlbach was created for the Bavarian State Garden Show.

Ende des Spektakels, für eine neue Bebauung. Wer dort einzieht, kann sich darüber freuen, dass man im Zuge der Gartenschau die Bereiche direkt am Bach einladend gestaltet hat: mit Treppen und Terrassen zum Wasser hin – in der guten Jahreszeit ein schönes Plätzchen für Genießer.

Auch an anderen Stellen werden die Gartenanlagen mit neuer Wohnbebauung kombiniert, etwa gegenüber dem Innspitz zwischen dem Mangfallpark Nord und dem Krankenhaus. Die großen Wohnanlagen bieten dank ihrer Nähe zu den attraktiven Parks an den Ufern der Flüsse eine höhere Lebensqualität als vergleichbare Siedlungen in Innenstadt-Randzonen anderer Städte.

Nicht nur die Natur, auch die Kunst kam bei der Gartenschau zur ihrem Recht: Es entstand ein »Skulpturenweg«, der eine Reihe von Werken zeitgenössischer Künstler zeigt. Allesamt haben sie einen Bezug zum Landschaftsraum und greifen Themen unserer Zeit auf, wie den Klimawandel, Wasser als Lebensquelle oder den Umgang mit Natur.

Nicht nur entlang der Mangfall und in der Altstadt Ost, auch direkt im Stadtzentrum hat sich im Zuge der Landesgartenschau einiges getan. Beispielsweise im Riedergarten. Er war im 18. Jahrhundert der private Kräutergarten des Rosenheimer Stadtapothekers Johann Rieder, ehe er, erst 1925, in den Besitz der Stadt überging. Jetzt hat man sich an seine einstige Bestimmung erinnert und hier wieder einen Apothekergarten angelegt.

Alles in allem kann man sicher sein: Die aufwendigen Bauarbeiten im Vorfeld der Gartenschau waren eine sinnvolle Investition in die Zukunft der Stadt – sie werden die Lebensqualität für die Bürger Rosenheims nachhaltig erhöhen.

Auch der »Innspitz«, der Bereich an der Mangfallmündung, wurde anlässlich der Gartenschau neu gestaltet.
Even the Innspitz area around the Mangfall estuary, was redesigned for the Garden Show.

Bambushaus im Gartenschaugelände
Bamboo huts on the Garden Show grounds

Im Schaugartengelände am Mühlbachbogen
At the bend in the Mühlbach river, on the Show grounds

Die »Arche« als ehemalige Begegnungsstätte der Landesgartenschau wurde in ein gemütliches Café-Bistro verwandelt.
The 'Ark' a popular meeting place during the Bavarian State Garden Show, has been transformed into a cosy bistro.

Das Klettergerüst wartet auf abenteuerlustige Kleine.
The climbing frame is waiting for adventurous children.

Der Riedergarten ist durch die Landesgartenschau, wie in alten Zeiten, wieder zum Kräutergarten geworden.
Like in the olden times, the Rieder Garden has become a herb garden again.

AUF GEHTS
POMMERY
Bauer`s
Rollende
Metzgerei
CHRISTOPH
22

ROSENHEIMER LEBEN
Lifestyle, Kultur, Wirtschaft

Dass die Stadt Rosenheim ein Anziehungspunkt weit über den Landkreis hinaus ist, das beweisen die vielen hier anzutreffenden Autonummern aus der weiteren Umgebung und auch von manchem fernen Ort. Viele Gäste fahren zum Einkaufen hierher, bis aus dem benachbarten Tirol. Ohne Zweifel hat es die Rosenheimer Geschäftswelt verdient, dass ihr gutes Angebot honoriert wird. Denn außer dem Tagesbedarf gibt es eine Menge Spezielles zu entdecken – kleine, feine Boutiquen und auch eine verlockende Auswahl an »Trachtengwand« in mehreren Spezialgeschäften. Trotzdem kann man Rosenheim keinesfalls auf seine Rolle als Einkaufsstadt reduzieren. Denn die Palette an Veranstaltungen aller Art ist vielfältig und kann sich dank besonderer Qualitäten auch in der Nachbarschaft der Kulturmetropolen München und Salzburg behaupten. Diese Qualitäten liegen dabei nicht so sehr in der Zahl der Weltstars, die hier Station machen, als vielmehr in dem ganz individuellen Mix, der in Rosenheim geboten wird.

Der »klassische« Kulturbetrieb – Konzerte, Opern und Ballett mit zum Teil hochkarätigen internationalen Gästen – ist vor allem im »KU'KO«, dem »Kultur- und Kongresszentrum«, zu Hause. Genauso gut kann man dort aber beispielsweise auch Musicals, Show und Volkstheater erleben, ebenso Multimedia-Schauen bekannter Fotografen.

Einen ebenso festen Platz im Rosenheimer Veranstaltungsangebot hat sich das »Ausstellungszentrum Lokschuppen« erobert. »Lokschuppen« deshalb, weil am Beginn des Bahnzeitalters in Rosenheim hier tatsächlich Dampfrösser untergestellt waren. Sein besonderer Charakter als einstiger Zweckbau trägt mit zum Reiz des Ausstellungszentrums bei. Man muss der Veranstaltungs- und Kongress GmbH Rosenheim, die für das Angebot im »Lokschuppen« verantwortlich zeichnet, das Kompliment machen, dass sie bei der Auswahl der Ausstellungsthemen eine sehr glückliche Hand bewiesen hat. Ob der exotische Reiz ferner Länder – wie Tibet oder Afghanistan – an den Inn geholt wurde oder ob man Zeitreisen unternahm – ins alte Ägypten oder in graue Vorzeiten, als noch riesige Saurier durchs Alpenvorland tappten – immer weckte man damit Interesse weit über die Region hinaus und zog oft Hunderttausende von Besuchern an.

Das sind sehr stattliche Zahlen – aber sie werden noch weit übertroffen von der wohl bekanntesten Rosenheimer Großveranstaltung: vom Rosenheimer Herbstfest auf der Loretowiese. Jährlich werden hier deutlich mehr als eine Million Gäste gezählt. Trotzdem hat es dieses Volksfest, das jedes Jahr zwischen Ende August und Mitte September stattfindet, bisher fertiggebracht, überschaubar zu bleiben und sich den Ruf der Gemütlichkeit zu erhalten. Deswegen trifft man hier auch immer wieder einmal Münchner, die dem Oktoberfest, dieser internationalen Massenveranstaltung, längst abgeschworen haben und hier in der Innstadt »fremdgehen«.

Seinen Ursprung hat das Herbstfest in einem »Landwirtschaftlichen Bezirksfest«, das seit 1861 in unregelmäßigem Turnus in Rosenheim abgehalten wurde. Die Karusselle waren zuerst eher Beiwerk bei einer Veranstaltung, bei der

Eine weithin bekannte Attraktion: das Herbstfest
The famous Autumn Festival

Tradition, Religion, Fröhlichkeit beim Erntedank
Tradition, religion and merriment at the Harvest Festival

mit Kühen gehandelt oder neu entwickeltes bäuerliches Gerät begutachtet wurde. Dass bald auch die Rosenheimer Brauereien – Ende des 19. Jahrhunderts waren es immerhin elf – die Möglichkeiten entdeckten, die sich ihnen hier boten, liegt in der Natur der Sache. Heute erinnert nur noch eines an den einstigen bäuerlichen Ursprung des Festes: dass es mit dem Rosenheimer Erntedank verknüpft ist, der immer am zweiten »Wiesn«-Sonntag mit einem großen Feldgottesdienst auf dem Max-Josefs-Platz begangen wird. Dabei kommt das Brauchtum ebenso zu seinem Recht wie die Religion: Alle Rosenheimer Traditionsvereine, aber auch viele aus der Region und sogar aus Tirol, marschieren dabei auf. Insbesondere für die Rosenheimer Gebirgsschützenkompanie ist dieser Anlass immer wieder eine Gelegenheit, ihre Verbundenheit mit der Heimat und dem Glauben zu demonstrieren.

Noch zwei andere regelmäßig auf dem Max-Josefs-Platz stattfindende Großveranstaltungen ziehen ein breites Publikum an. Das Faschingstreiben am Faschingsdienstag mit Musik und Showeinlagen widerlegt jedes Jahr aufs Neue das Vorurteil, dass alle Bayern Faschingsmuffel wären. Es hat eine recht lange Tradition: Schon 1912 drängten sich auf den Straßen und Plätzen der Stadt Tausende Schaulustige, als ein großer Faschingszug sich zum Max-Josefs-Platz begab, wo eine Art Zirkusaufführung in Anwesenheit von »Prinz und Prinzessin Karneval« – auch so was gab es damals schon – stattfand.

Und dann hat Rosenheim natürlich auch seinen Christkindlmarkt. Nach bescheidenen Anfängen in den 1980er-Jahren drängen sich heute hier die Buden von rund 50 Ausstellern, die vom ersten Adventswochenende bis zum Heiligen Abend außer dem begehrten Glühwein und anderen Schmankerln vor allem Handwerkliches und Kunsthandwerkliches anbieten.

Auch wenn Veranstaltungen dieser Art von mehr Menschen wahrgenommen werden – den besonderen Reiz der örtlichen »Szene« macht etwas anderes aus. Rosenheim ist auch ein gutes Pflaster für Kleinkunst und Livemusik: Kabarett, Comedy, Jazz, Tango, Crossover-Volksmusik – wer die Veranstaltungsprogramme genau studiert, stolpert immer wieder über echte Raritäten. Oft mischt sich dabei Bodenständigkeit mit Weltoffenheit zu etwas ganz Eigenem.

Die »Rosenheimer Kleinkunsttage«, die jedes Jahr in der zweiten Oktoberhälfte stattfinden, sind dabei nur die »Spitze des Eisbergs«. Das ganze Jahr über kann man in einer Reihe von Locations auf Entdeckungsreise gehen. Das Ballhaus ist die vermutlich bekannteste. Intimer ist die »Bühne im Lokschuppen«. Aber erst einige Kneipen mit einschlägigem Programm machen die Rosenheimer Kleinkunstszene zu dem, was sie ist, etwa das »Le Pirate« am Ludwigsplatz, die »Vetternwirtschaft« in der Oberaustraße oder die Asta-Kneipe in der Hubertusstraße.

Die Aufzählung wäre unvollständig ohne das TAM-Ost in der Chiemseestraße. Auch hier gibt es Gastronomie und eine Bühne, auf der vor allem interessante Newcomer der Kleinkunst präsentiert werden – aber ebenso gibt es eine eigene Theatertruppe: bühnenbegeisterte Amateure, die immer wieder anspruchsvolle Stücke einstudieren und aufführen.

Und weil die Bayern ein Volk von Schauspielern sind, ist die TAM-Truppe natürlich keineswegs das einzige Laientheater in der Stadt. Das »Theater Rosenheim« ist schon eine Institution. In regelmäßigen Abständen wartet es mit neuen Produktionen auf – oft Komödien und Kindertheater, es standen aber auch schon Musicals wie »Anatevka« auf dem Spielplan. Auch zeichnete es für das jahrelang erfolgreich aufgeführte Rosenheimer Stadtspiel verantwortlich, ein Freilichttheater, in dem es um Episoden aus der Stadtgeschichte ging.

Die »Inntaler Bauernbühne Rosenheim« begann in den 1970er-Jahren zunächst bescheiden, hatte sich aber dann bald die Herzen des Publikums erspielt; inzwischen gibt sie keineswegs mehr ausschließlich »Bäuerliches« zum Besten.

Als weitere Rosenheimer Laientheater sind schließlich auch noch das Backstage Theater und die Volksbühne St. Nikolaus zu nennen.

Theater gespielt wird aber auch bei den Trachtenvereinen im Stadtgebiet, die sich nicht darauf beschränken, schöne »Gwander« spazieren zu tragen. Ebenso werden hier die Volksmusik und der Volkstanz gepflegt.

Das Musikleben Rosenheims ist überhaupt ausgesprochen vielfältig. Ein Spielmannszug, Blaskapellen, Bands – es ist unmöglich, alle Formationen aufzuzählen, die in der Umgebung der Stadt aktiv sind. Eine Reihe von Chören pflegen verschiedene Musikstile. Der langjährige Freisinger Domorganist Hubert Huber, ein Allrounder, der in allen Musikrichtungen zu Hause ist, spielt im Rosenheimer »Prisma Jazz Trio« mit. Und der traditionsreiche Musikverein Rosenheim tritt mit seinem Orchester und Chor immer wieder mit Konzerten von beachtlichem Niveau hervor. Seit einiger Zeit gibt es auch »Rosenheimer Sinfoniker«, die der originelle, komponierende und dirigierende Oberaudorfer Hans-Jürgen Doetsch ins Leben gerufen hat.

Unter den Rosenheimer Gymnasien hat das Ignaz-Günther-Gymnasium unter anderem einen musischen Zweig – und weil Konkurrenz das Geschäft belebt, kann sich auch die Musikpflege an den anderen Rosenheimer Schulen sehen lassen. Musikschulen und Musiklehrer in Stadt und Landkreis, allen voran die »Musikschule Rosenheim e. V.«, sind ebenfalls immer wieder zu Enteckern und Förderern von großen Talenten geworden. Davon legt eine Reihe von Preisträgern in den verschiedenen Wettbewerben von »Jugend musiziert« Zeugnis ab. Auch der international bekannte Pianist Herbert Schuch hat seine Ausbildung zum Teil in Rosenheim genossen. Die wohl populärste musikalische Formation aus der Region ist aber das »Quadro Nuevo«, das mit seiner nostalgischen Mischung aus Tango, Valse Musette,

»Kriagst no oane?« – Die gemütliche Einkehr gehört dazu!
Are you having another? Stopping for a cosy drink is a must

Der Sitz des Rosenheimer Kunstvereins
The offices of the Art Association

Flamenco und anderen Musikrichtungen in der ganzen Welt Erfolge feiert.

Dass Rosenheim auch eine fruchtbare Stätte der bildenden Kunst ist, beweist eine Reihe von Skulpturen, Denkmälern und Brunnen im Stadtbild. Meist stammen sie von einheimischen Künstlern wie Marianne Lüdicke, Erika Maria Lankes oder Rolf Märkl. Der wichtigste »Kunstraum« für die Malerei ist die Städtische Galerie am Max-Bram-Platz. Auch sie beherbergte schon öfters hochkarätige Ausstellungen von überregionalem Interesse. Regelmäßig werden hier aber auch die Werke von Rosenheimer Künstlern präsentiert, unter anderem von den Mitgliedern des Kunstvereins Rosenheim, der sein Domizil in der Klepperstraße passenderweise im Kraftwerk der ehemaligen Kunstmühle gefunden hat.

Etwas Besonderes sind auch die Rosenheimer Museen. Außer dem Städtischen Museum mit Exponaten aus der Rosenheimer Geschichte sind hier noch das Inn-Museum bei der Schlossberger Innbrücke und das Holztechnische Museum am Max-Josefs-Platz zu nennen. Beide beschäftigen sich mit Themen, die für Rosenheim in Geschichte und Gegenwart eine große Rolle gespielt haben und spielen: dem Fluss und der Flussschiffahrt sowie der Holzverarbeitung.

Schließlich ist Rosenheim auch eine Stadt herausragender technischer und unternehmerischer Leistungen. Lange Jahre war die Firma Klepper, die ausgeklügelte Faltboote und Wetterbekleidung herstellte, das wohl bekannteste Unternehmen am Ort (Klepper-Faltboote werden weiterhin in Rosenheim produziert, allerdings inzwischen in Lizenz von der H. S. Walther GmbH). Heute fällt dieser Ruhm unbestreitbar den Kathrein-Werken zu, dem weltweiten Marktführer in Sachen Antennentechnik. Aber auch noch ein weiterer, europaweit erfolgreicher Spezialist in einem ganz anderen Bereich ist ein altes Rosenheimer Traditionsunternehmen: die Hamberger Industriewerke GmbH, die Parkettböden und Sanitärartikel herstellen – auch ein Zeichen dafür, dass sich Rosenheim nicht umsonst als »Holzkompetenzstadt« bezeichnet. Für eine breite Auswahl an Damen-, Herren- und Kinderschuhen sowie Handtaschen steht die Firma Gabor. Der Maschinenbauer und Anlagentechniker Krones, der Hoch- und Tiefbauer Grossmann mit der Spezialität Holzleimbau, der Kajakbauer Prijon sowie die Softwarehersteller Cubeware und Orca sind weitere Beispiele für bedeutende und innovative Betriebe im Bereich der Stadt. Und schließlich setzen die Privatbrauerei Flötzinger und die Auerbräu GmbH die Tradition Rosenheims als Brauereistadt bis heute fort.

Für einen traumhaften Aufstieg steht schließlich der Firmenname Schattdecor aus dem nahen Thansau. Der Hersteller von Dekorpapieren ist heute weltweit im Geschäft und unterhält zehn Niederlassungen in Europa, Südamerika und China. Dabei ist man nicht nur stolz auf den wirtschaftlichen Erfolg, sondern auch auf die vorbildliche Unternehmenskultur, die auf der Überzeugung gründet, dass nur die Zufriedenheit von Kunden, Mitarbeitern und Lieferanten die Zukunft eines Unternehmens sichern kann.

Der Ort des »klassischen« Kulturprogramms in Rosenheim ist das Kultur- und Kongresszentrum »KU'KO«.
The Culture and Congress Centre, known as KU'KO, is where Rosenheim's 'classical' cultural activities take place.

Ein idealer Präsentationsraum für bildende Kunst ist die Städtische Galerie am Max-Bram-Platz.
The Municipal Gallery on Max Braun Square is ideal for fine arts exhibitions.

Ein 150 Jahre alter Zweckbau wurde zum reizvollen Ausstellungszentrum: der »Lokschuppen«.
This 150-year old functional building has become an attractive exhibition centre called the 'Engine Shed', which in fact used to house locomotives in the days of steam engines.

Ein Höhepunkt des Faschingstreibens: der Auftritt der Rosenheimer Prinzengarde
A highlight of the goings on at Carnival time is the performance by the 'Princes Guards'.

Starkbieranstich beim Auerbräu: Peter Kirmair »derbleckt« die örtliche Polit-Prominenz.
At the tapping of the Starkbier (strong beer) at the Auer Brewery, Peter Kirmair exposes and makes fun of the local politicians.

Rosenheimer Kultur traditionell: Maibaumaufstellen in Aising
Traditional Rosenheim culture: setting up the Maypole in Aising

Stets gut besucht ist der Erntedank-Gottesdienst auf dem Max-Josefs-Platz.
The Harvest Festival service on Max Josef Square is always well attended.

Die Rosenheimer »Wiesn«: ein Treffpunkt für alle, die sehen, gesehen werden und Gaudi haben wollen.
The Rosenheim Festival is a meeting point for for anyone and everyone who wants to have fun, see and be seen.

Immer am Donnerstag der zweiten Wiesnwoche findet das große Feuerwerk statt.
On the Thursday of the second Festival week there is always a firework display.

Immer gut besucht sind die Bierzelte der beiden Rosenheimer Brauereien, der Auer- …
The beer tents of the two Rosenheim Breweries – the Auer and the Flötzinger – are always full.

… und der Flötzinger-Brauerei. In beiden ist am Abend die Stimmung am Überkochen.
In the evenings the atmosphere is at boiling point.

Beim historischen Festzug des Rosenheimer Herbstfestes wurden verschiedene Stationen und Ereignisse aus der Geschichte wieder lebendig. Sogar König Ludwig II. grüßte die vielen Zuschauer (links).

The traditional festive procession for the Rosenheimer Herbstfest brought various historical landmarks and events to life. King Ludwig II was even there to greet the many spectators (left).

Der Wiesntrommler, das Wahrzeichen des Rosenheimer Herbstfestes, wurde von Franz Knarr perfekt verkörpert (rechts).

The Wiesntrommler, the drummer who symbolises the Rosenheimer Herbstfest, was personified to perfection by Franz Knarr (right).

Flötzinger
Bräu

Kneipen mit Kleinkunst und Livemusik geben der Rosenheimer Kulturszene besonderes Flair: Peter Ludwig im »Le Pirate«.
Rosenheim would not be the same without its pubs featuring cabaret and live music; Peter Ludwig at 'Le Pirate'.

Die wohl berühmteste Rosenheimer Musik-Formation ist das Quadro Nuevo. Hier zu sehen auf dem ehemaligen Landesgartenschaugelände, auf dem alljährlich das Sommerfestival stattfindet.
Quadro Nuevo is the best known Rosenheim group of musicians. It can be seen here on the former site of the Bavarian State Garden Show, where the annual Summer Festival is held.

Im Städtischen Museum erfährt man auch, wie das Leben in früheren Zeiten aussah: hier die Küche des Stadtheimatpflegers Aschl

Grandma's kitchen: at the Municipal Museum you can see how the simple folk used to live.

Links: Die »Holzkompetenzstadt« Rosenheim präsentiert sich im Holztechnischen Museum am Max-Josefs-Platz.

Left: Rosenheim the Wood City at the Museum of Wood Engineering on Max Josef Square

Die Schauspieler der »Rosenheim-Cops«, wie hier Joseph Hannesschläger (Mitte), werden während der Dreharbeiten von Toni und Anneliese Sket im Gasthaus »Zum Johann Auer« kulinarisch versorgt.
During the shooting of the TV series 'Rosenheim-Cops', Toni and Anneliese Sket from the inn 'Zum Johann Auer' provide the catering for the actors, here represented by Joseph Hannesschläger (centre).
Der Blick vom Schloßberg über die Stadt zeigt die Silhouette der Kirchtürme (rechts).
This view from the Schloßberg over the town shows the silhouettes of the church spires (right).

Vom Rosenheimer Bahnhof hat man einen wunderbaren Blick auf die nahen Berge.
From Rosenheim station, you have a wonderful view of the nearby mountains.
Das westliche Zentrum von Rosenheim bietet viele Einkaufsmöglichkeiten (rechts).
The western centre of Rosenheim offers a wealth of shopping options (right).

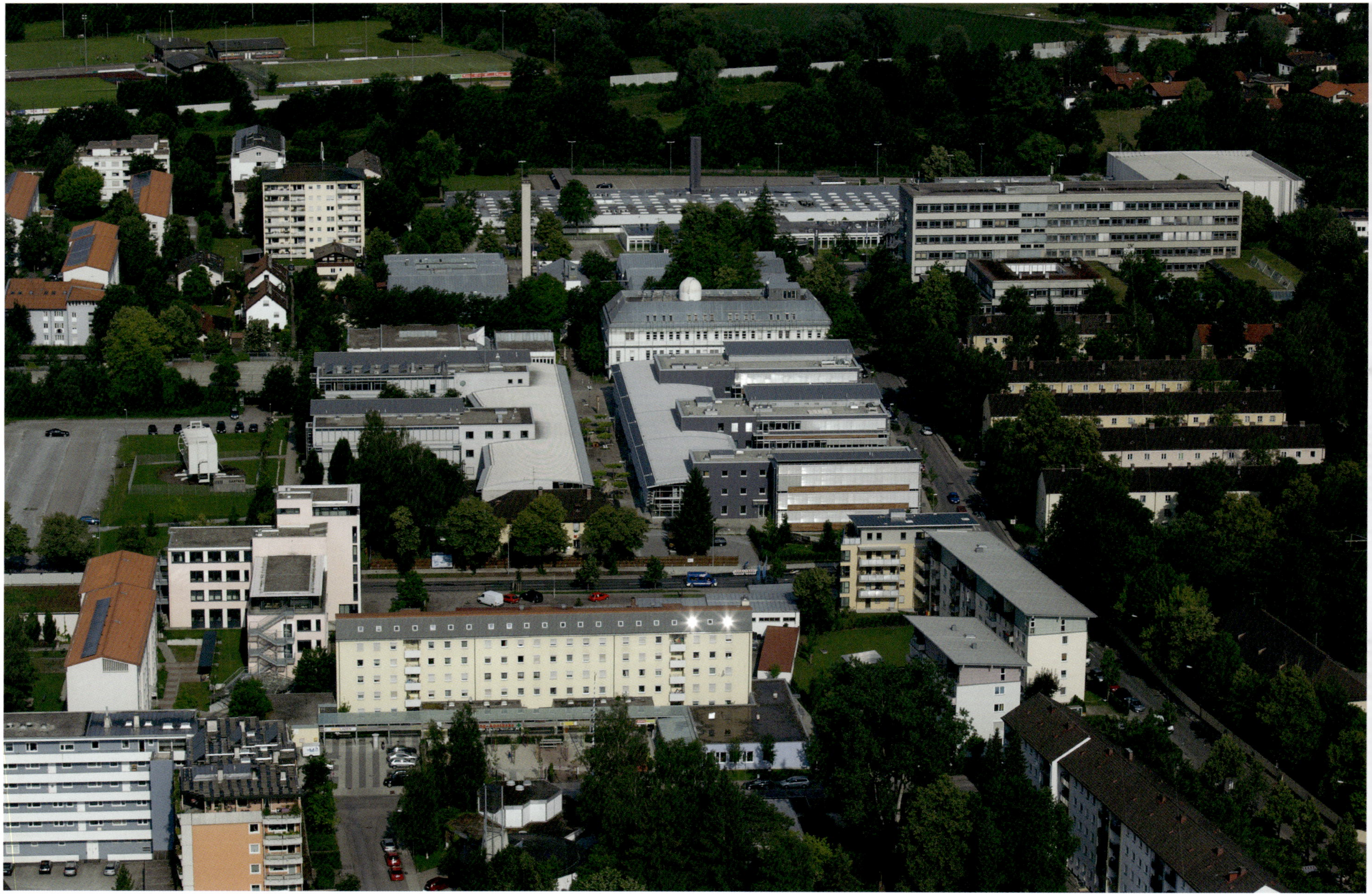

Die Gebäude der Hochschule Rosenheim wurden in den letzten Jahren erheblich erweitert.
In recent years, the building complex of the University of Applied Sciences in Rosenheim has expanded considerably.

Eine Ausbildungsstätte von Rang: die Rosenheimer Fachhochschule, hervorgegangen aus einer Fachschule für Holztechnik
The Rosenheim Technical College is a top training school which used to be a college for wood engineering.

Aus dem Rosenheimer Leben nicht mehr wegzudenken: der Christkindlmarkt auf dem Max-Josefs-Platz
Now a fixture in Rosenheim's calendar: the Christmas Market on Max Josef Square

Hier kommt die herrliche Lage Rosenheims direkt vor den Alpen wunderbar zur Geltung: Die Kampenwand (links) und die Hochries sind die Hausberge der Stadt.
This photograph really gives you a sense of Rosenheim's unique location directly at the foot of the Alps: the Kampenwand (on the left) and the Hochries are the town's landmark mountains.

DORFIDYLLE AM STADTRAND

Die ehemaligen Gemeinden in den Außenbezirken

Die Außenbezirke von Rosenheim haben zum Teil gar nicht viel »Städtisches« an sich. Man merkt ihnen an, dass sie früher aus einer Reihe von selbstständigen Gemeinden bestanden. Diese ehemaligen Gemeinden haben eigene Kirchen, ein eigenes Vereinsleben – und auch noch einen echten dörflichen Zusammenhalt. Die meisten dieser Orte sind erst bei der großen »Gemeindegebietsreform« des Jahres 1978 zur Stadt Rosenheim gekommen. Die Anfänge des Wachstums der Stadt ins Umland liegen allerdings schon wesentlich weiter zurück: So war einst auch der Roßacker eine eigene Gemeinde – er wurde allerdings schon 1837 dem Markt Rosenheim einverleibt. Auch die Fürstätter waren früh dran: Sie sind seit 1913 Bürger der Stadt Rosenheim.

Einer der Orte, die sich ihren dörflichen Charakter noch weitgehend bewahrt haben, ist ***Happing*** im Süden der Stadt – jedenfalls gilt das für seinen alten Kern rund um die im 17. Jahrhundert von Johann Mayr dem Älteren von der Hausstatt erbaute Kirche St. Martin. Funde von Römersteinen zeigen, dass hier schon lange vor der ersten urkundlichen Erwähnung des Ortes »Happingen« im Jahr 1130 Menschen lebten. Das fruchtbare Land in der Umgebung war immer schon ein guter Platz für Bauern. Eine Attraktion, die Happing allerdings erst seit dem 20. Jahrhundert besitzt, sind die Badeseen »direkt vor der Haustür«: der Happinger See mit seinem herrlichen Gebirgsblick und das Gelände um den Floriansee und Happingerausee, das zu einem wichtigen Naherholungsgebiet für die Rosenheimer geworden ist. In Richtung Stadt ist seit dem Zweiten Weltkrieg in den Stadtteilen Kaltmühl und Kaltwies sehr viel moderne Wohnbebauung gewachsen. Nichts mehr erinnert heute daran, dass hier noch bis 1973 ein Gestüt beheimatet war: der »Traberhof«. Für Furore sorgte er im Jahr 1949, als er für kurze Zeit das Domizil des umstrittenen Wunderheilers Bruno Gröning wurde. Bis heute gibt es einen »Freundeskreis« dieses 1959 in Paris verstorbenen Mannes.

Ein Teil der Stadt? – Ja, tatsächlich: Idylle bei Pang
Still part of the town? Yes, the idyllic scenery at Pang

Direkt an der Bundesstraße 15 steht die Kirche ***Heilig Blut***. Man fragt sich, was in früheren Zeiten, als hier nur freie Felder waren, ein so stattlicher Bau bedeuten sollte. Die Erklärung: Es gab hier seit dem 15. Jahrhundert einen blühenden Wallfahrtsbetrieb. Anfang des 16. Jahrhunderts wurde die erste steinerne Kirche gebaut, rund hundert Jahre später wurde sie erheblich vergrößert und dann im gleichen Jahrhundert – wiederum von Johann Mayr dem Älteren – im Stil des Barock durchgreifend umgebaut. Aus gotischer Zeit hat sich der geschnitzte Gnadenstuhl am Hochaltar erhalten, der von manchen dem Meister von Rabenden zugeschrieben wird.

Wandern wir nun im Uhrzeigersinn um Rosenheim herum, kommen wir als Nächstes nach ***Aising***. Der Ort ist – jedenfalls wenn man nach seiner ersten urkundlichen Erwähnung im Jahre 778 geht – wesentlich älter als die Stadt Rosenheim. Auch die Kirche besteht in einigen Teilen noch aus romanischem Mauerwerk, auch wenn man ihr das heute nach mehrmaligen Umbauten und Umgestaltungen des Innenraums nicht mehr anmerkt.

Genauso traditionsreich ist das benachbarte ***Pang***. Ebenfalls schon im 8. Jahrhundert urkundlich erwähnt, war es im

Römische Reste aus Westerndorf St. Peter / Pfaffenhofen
Roman remains from Westerndorf St. Peter/Pfaffenhofen

Mittelalter Sitz eines Adelsgeschlechts. Daher hat es hier einst auch eine Burg gegeben, von der sich allerdings heute nicht einmal mehr Grundmauern nachweisen lassen. Bekannt ist der Name des Dorfes auch über Bayern hinaus bei den Kunsthistorikern: Denn hier siedelte sich im 19. Jahrhundert eine Malerkolonie an, die die ländliche Umgebung samt bäuerlichem Leben gern als Motiv verwendete. Zu ihr gehörten unter anderem Eduard Schleich, Anton Braith und Christian Mali.

Gleich der nächste Ort an der Straße Richtung Miesbach, ***Westerndorf am Wasen,*** besteht nur aus einer Handvoll Häuser. Aber er besitzt eine Kirche, die ein echtes Unikum darstellt. Schon von weitem fällt der Rundbau mit seiner charakteristischen Zwiebelkuppel auf. Wie wir angesichts der stattlichen Kirche in einer ländlichen Umgebung richtig vermuten, gab es auch hier einst eine Wallfahrt. Betritt man das Gotteshaus, so ist es plötzlich kein Rundbau mehr: Das Innere hat die Grundform eines griechischen (gleichschenkligen) Kreuzes, wobei die »Kreuzarme« als Dreiviertelkreise ausgebildet sind. Es ist eine Bauform, die im süddeutschen Raum ohne Parallele ist. Wahrscheinlich geht sie auf den Münchner Barockbaumeister Konstantin Pader zurück.

Auch in ***Fürstätt*** haben wir wieder einmal das Phänomen, dass der Ortsteil früher urkundlich erwähnt ist als die Stadt selbst: nämlich im Jahre 1060 als »Veresteti«, Ort einer Überfuhr, nämlich über die Mangfall. Wie in Happing kann man auch hier deutlich zwischen einem alten Dorfkern und der davon klar getrennten neuen Wohnbebauung unterscheiden. Hervorgetan haben sich die Fürstätter in den letzten Jahrzehnten insbesondere auf musikalischem Gebiet: Für den von Rolf Hamberger gegründeten Chorkreis St. Quirinus ist die Gestaltung der Gottesdienste in der gleichnamigen Kirche eher eine Nebenbeschäftigung; er gibt immer wieder niveauvolle Konzerte, bei denen nicht zuletzt das breite Spektrum der Epochen und Stile erstaunt.

In ***Westerndorf St. Peter*** betreten wir noch älteren geschichtlichen Boden. Denn hier, in der Nähe der Innbrücke, bestand in der Römerzeit eine bedeutende Gewerbeansiedlung. Man produzierte »Terra sigillata«, rot gebrannte Keramik, die selbst in entlegene Gegenden des Reiches exportiert wurde. Der Name der benachbarten Siedlung, Langenpfunzen, geht wohl auf das lateinische Wort *pontena,* »Fähre«, zurück.

Etwas nördlich und schon auf dem Gebiet der Gemeinde Schechen liegt ***Pfaffenhofen am Inn***, die Urpfarrei von Rosenheim. Der stattliche Pfarrhof mit seiner für die Gegend ungewöhnlichen Dachkonstruktion scheint, obwohl erst in der späten Barockzeit erbaut, noch auf die einstige Bedeutung der Pfarrei hinzuweisen.

Auf dem anderen Flussufer liegt die ***Innleiten,*** das steile Hochufer des Inns; manche Genießer aus Rosenheim haben sie als Naherholungsgebiet entdeckt. Hier liegt auch die St. Leonhardskapelle mit dem Leonhardibründl. Das Wasser gilt schon seit Jahrhunderten als heilkräftig, was aber bis 1995 mehr ein Geheimtipp war. Heute gehört die Quelle der Familie Abfalter, deren Unternehmen das Wasser der »Quelle St. Leonhard« mit großem Erfolg überregional vertreibt. Besonders in der Naturkost- und Naturheilszene erfreut es sich besonderer Beliebtheit.

Ein herrliches Fleckerl für Genießer und Schwimmer – und ganz stadtnah: der Happinger See
A lovely spot for swimmers and everyone to enjoy: the Happinger Lake, very close to the town

Ein erfreulicher Blickfang am Stadtrand: die einstige Wallfahrtskirche Heilig Blut
A pleasant sight on the edge of town is the one-time pilgrimage Church of the Holy Blood.

Der Maibaum steht – jetzt wird gefeiert: Blick auf eine Aisinger Festlichkeit aus ungewöhnlicher Perspektive
The Maypole is up, now the celebrations can begin. The Aising festivities from an unusual perspective

Orientalisch oder russisch? – Nein, oberbayerisch: Rundkirche in Westerndorf am Wasen
It could be oriental or Russian, but it is the Bavarian round church of Westerndorf am Wasen.

Die alte St. Quirinuskirche ist das Wahrzeichen von Fürstätt.
The old church of St. Quirinus is the landmark of Fürstätt

Jeder Ort ein Individuum
Ein Blick über die Stadtgrenzen

Die Gemeinden des unmittelbaren Umlandes von Rosenheim hängen inzwischen aufs Engste mit der Stadt zusammen. Zwar gibt es bisher nur im Westen eine durchgehende Bebauung, die die Stadtgrenzen zwischen Rosenheim und Kolbermoor verschwimmen lässt. Aber wirtschaftlich ist das Gebiet, das man heute auch »Stadt-Umland-Region« nennt, inzwischen unauflöslich verzahnt, und so wurde auch schon eine engere polititsche Zusammenarbeit dieser Gemeinden vereinbart. Eine schleichende Eingemeindung? Bestimmt nicht, denn dazu sind diese Orte viel zu sehr »eigene Persönlichkeiten«: Jede hat ihr ganz spezielles Profil.

Der unmittelbare Nachbar Rosenheims auf der östlichen Innseite ist die Gemeinde ***Stephanskirchen***. Gleich hinter der Innbrücke erhebt sich der Schlossberg, heute ein stattlicher Ort und größter Gemeindeteil von Stephanskirchen. Früher stand dort – der Name deutet darauf hin – die Burg Rosenheim, der Verwaltungs- und Gerichtssitz für das Gebiet rund um den Markt. Nicht immer war das Verhältnis zwischen zwischen rechtem und linkem Innufer gut: Beispielsweise hielt im Landshuter Erbfolgekrieg von 1504, als die oberbayerische Linie der Wittelsbacher gegen die niederbayerische kämpfte, der Kastner auf dem Schloss zu den Landshutern, der Markt Rosenheim aber zu den Münchnern – damit stand er zuletzt auf der Seite des Siegers und wurde deswegen auch von Herzog Albrecht IV. mit verschiedenen Vorrechten belohnt.

Das Gemeindegebiet von Stephanskirchen umfasst sehr unterschiedliche Ortsteile: von Gewerbegebieten am Ziegelberg bis zu ländlicher Idylle samt schönen Badeplätzen am Simssee. Dazu gehört auch die nach dem Zweiten Weltkrieg entstandene Vertriebenensiedlung Haidholzen, der Wohnort des aus Böhmen stammenden beliebten Kinderbuchautors Otfried Preußler, Schöpfer des »Kleinen Wassermanns«, des »Räubers Hotzenplotz« und der »Kleinen Hexe«. Die Vielfalt innerhalb des Ortsgebiets ist übrigens kein Produkt der Gemeindegebietsreform: Stephanskirchen in der heutigen Ausdehnung gibt es schon seit dem Jahr 1855, als die Altgemeinden Stephanskirchen und Hofleiten fusioniert wurden.

Rohrdorf, das auf der gegenüberliegenden Innseite südöstlich von Rosenheim liegt, war einst eine ganz besondere Art von Verkehrsknotenpunkt. Der Ort gehörte – wie viele andere in der Region – im Mittelalter zum Herrschaftsgebiet der Grafen von Falkenstein, die auf der Rachelburg oberhalb von Flintsbach residierten. Deren »Hausheiliger« war Jakobus der Ältere, weshalb die stattliche und sehenswerte Rohrdorfer Kirche ein Jakobuspatrozinium hat – und warum sie die Fernwallfahrt nach Santiago de Compostela besonders förderten. Rohrdorf scheint tatsächlich eine Sammelstelle für Pilger aus dem Norden und Osten gewesen zu sein: Hier waren sie als Übernachtungsgäste willkommen, und hier mussten sie sich auch entscheiden, ob sie südwärts den Inn entlang weiterziehen wollten oder westwärts dem Alpenrand folgen. Eine rührige Jakobusgesellschaft am Ort hat diese Zusammenhänge heute wieder entdeckt.

Der nächste Ort innaufwärts, ***Neubeuern***, profitierte einst davon, dass sich hier die beste Anlegestelle für die Innschifffahrt im Bereich zwischen Kufstein und Rosenheim befand. Außerdem scheint man sich hier schon immer aufs »Tourismusmarketing« verstanden haben: 1428, so erzählte man, habe die kleine Glocke des Ortes von selbst zu läuten begonnen; und am Karfreitag 1512, so hieß es, sei die Kirche nachts wunderbar beleuchtet gewesen. Diese Nachrichten machten die Runde und fielen auf fruchtbaren Boden: So wurde Neubeuern auch noch Marienwallfahrt. Berühmt ist heute der wunderschöne Marktplatz des Ortes – ein geschlossenes Ensemble, das so geschlossen doch unmöglich durch organisches Wachstum entstehen konnte? Der Zweifel ist nicht ganz unberechtigt: Denn nachdem die unterhalb des Burgbergs liegende Häuserzeile bei einem verheerenden Feuer in den 1890er-Jahren fast vollständig vernichtet worden war, hat sie der Münchner Architekturprofessor Gabriel von Seidl in Anlehnung an alte Hausformen als Ganzes neu geplant.

Das Schloss oberhalb des Ortes hat in der Vergangenheit immer wieder den Besitzer (und damit der Markt Neubeuern seine Herrschaft) gewechselt. 1881 erwarb es die Familie Wendelstadt. Durch diese Fügung des Schicksals wurde Neubeuern ein Hort der Kultur: Bei Julie von Wendelstadt und ihrer Schwägerin Ottonie von Degenfeld, die mit dem Dichter Hugo von Hofmannsthal befreundet war, gingen Größen der Kunst und Literatur aus und ein. Julie von Wendelstadt war es auch, die 1925 das Privatgymnasium mit Internat gründete, das – nach einer Zwangspause im Nationalsozialismus – heute wieder auf dem Schloss untergebracht ist.

Schließlich ist Neubeuern auch zu einem Zentrum der Musik geworden: Die Chorgemeinschaft Neubeuern wurde von Enoch zu Guttenberg (dem Vater des bekannten CSU-Politikers) von einer bescheidenen »Liedertafel« zu einem der besten Amateurchöre Bayerns geformt. Und der schöne Festsaal des Schlosses ist der Rahmen für eine hochkarätige Kammermusikreihe des Vereins »Konzerte Schloss Neubeuern«.

Eine völlig andere Geschichte kann man über ***Raubling*** auf der anderen Innseite erzählen. Auch dieser Ort ist sehr alt – um 800 ist seine Existenz erstmals fassbar –, aber er bestand jahrhundertelang nur aus wenigen Bauernhäusern. Das benachbarte Kirchdorf am Inn – der Name lässt es ahnen – hatte in Zeiten, in der die Kirche auch ein gesellschaftliches Zentrum war, das Sagen. Das begann sich 1858 zu ändern, als die Eisenbahnlinie Rosenheim – Kufstein gebaut wurde und man sich entschied, einen Bahnhof weder in Kirchdorf noch im benachbarten Pfraundorf, sondern in der Mitte, eben in Raubling, anzulegen. Der Torfabbau im nahen Moor und die Entstehung der Papierfabrik Redenfelden im Jahr 1909 trugen mit zur Verlagerung der Siedlungsschwerpunkte bei. So wuchs Raubling zum Zentrum eines von Gewerbe und Industrie beherrschten Gebiets heran. Und es war nur konsequent, wenn man die Gemeinde im Jahr 1953 von »Kirchdorf am Inn« in »Raubling« umbenannte (im gleichen Jahr wurde die neu entstandene Raublinger Pfarrkirche, Heilig Kreuz, geweiht) und später bei der Gemeindegebietsreform die Nachbarorte Pfraundorf, Großholzhausen und Reischenhart eingemeindete. So ist Raubling heute vor allem durch seine Wirschaftsbetriebe bestimmt, aber dank seiner verkehrsgünstigen Lage nahe dem Autobahndreieck Inntal und direkt an der Bahnlinie München – Kufstein und auch dank der unmittelbaren Nähe zu den Bergen ebenso ein durchaus attraktiver Wohnort.

Kolbermoor, das sich mangfallaufwärts im Westen an Rosenheim anschließt, ist ebenfalls durch die Industrialisierung groß geworden; im Gegensatz zu Raubling ist es jedoch keine alte Siedlung, sondern wurde Mitte des 19. Jahrhunderts buchstäblich aus dem Boden gestampft, als in der Kolberfilze ein Torfwerk und bald darauf eine Ziegelei und eine Baumwollspinnerei gegründet wurden und die angeworbenen Arbeiter auch Wohnraum benötigten. In einer Zeit, in der sich alte Industriearchitektur zunehmender Beliebtheit erfreut, besitzt Kolbermoor nun ein Pfund, mit dem es wuchern kann. So entstand auf dem ehemaligen Spinnereigelände, wo alte Fabrikbauten einfühlsam saniert wurden, ein neuer städtebaulicher Schwerpunkt mit Lokalen, Geschäften, Veranstaltungsflächen und Wohnungen.

Bad Aibling hat dagegen nicht nur eine uralte Geschichte, sondern gehört sogar schon seit dem Frühmittelalter zu den

Schloßberg als Teil der Gemeinde Stephanskirchen liegt direkt vor den Toren der Stadt Rosenheim (Seite 88).
Schloßberg, as part of the borough of Stephanskirchen, lies directly outside Rosenheim (page 88).
Schloss Innleiten wurde Ende des 19. Jahrhunderts von Thomas Gillitzer erbaut.
Schloss Innleiten was built by Thomas Gillitzer at the end of the 19th century.

wichtigsten Zentren der Region. Schon unter dem alten bayerischen Herrschergeschlecht der Agilolfinger stand hier eine Herzogsburg, die mit der Entmachtung des Agilolfingers Tassilos III. durch Karl den Großen im Jahr 788 königliche Pfalz wurde. Später war der Ort ein Verwaltungszentrum der neuen bayerischen Herrscher, der Wittelsbacher. Das blieb Aibling bis zur Zeit um 1800, als es seine führende Stellung an Rosenheim verlor. Erst mit der Zeit gelang es dem Ort, seine neue Rolle zu finden: als Gesundheits- und Kurstadt. Seit dem Jahr 1844 experimentierte der Arzt Dr. Desiderius Beck erfolgreich mit Moorbädern. Doch die von ihm gegründete Sole- und Moorschlamm-Badeanstalt wurde ein wirtschaftlicher Flop. Erst nach langen Jahren gelang es den Aiblingern, aus der revolutionären Entdeckung dieses Arztes wirklich Kapital zu schlagen – jetzt allerdings tüchtig, denn in den mondänen Kurhotels der Stadt ging die Prominenz Europas aus und ein. Prinzregent Luitpold von Bayern honorierte das, indem er dem Ort den Titel »Bad« verlieh.

Heute unterstreicht die neue Therme die Bedeutung der Kur- und Gesundheitsstadt Bad Aibling, und das »Kurhaus« ist zu einem Kulturzentrum avanciert: Hier finden regelmäßig Konzerte von Klassik bis Pop, ebenso auch Kabarett- und Comedyveranstaltungen statt. Einer der Höhepunkte der Saison ist das immer im November stattfindende Gitarrenfestival »Saitensprünge«.

Die Entstehungsgeschichte von ***Großkarolinenfeld*** im Nordwesten von Rosenheim ist etwas ungewöhnlich. Im Jahr 1802 erließen Kurfürst Max Josef (der spätere König Max I.) von Bayern und seine Frau Karoline einen Aufruf an ihre einstigen Untertanen in der Pfalz (die inzwischen von den Franzosen vereinnahmt worden war): Wer sich hier, mitten im Moor, niederlassen und sich an der Kultivierung beteiligen wolle, erhalte Land, Befreiung vom Militärdienst und Steuerfreiheit. Tatsächlich folgte eine Reihe von Menschen, die auf dieser Weise der Herrschaft Napoleons entfliehen konnten, dem Ruf, und so entstand der Ort, der nach der Herrscherin Karoline benannt ist. Es waren evangelische Siedler in einer damals noch rein katholischen Umgebung, und so kann sich Großkarolinenfeld heute rühmen, die älteste evangelische Kirche auf altbayerischem Boden zu besitzen.

Schechen, die nächste Gemeinde innabwärts von Rosenheim, war seit dem Spätmittelalter ein Adelssitz, dessen Schloss aus der Renaissancezeit heute noch erhalten ist; lange war es ein Gasthaus, der »Schlosswirt«, heute dient es der Gemeinde als Verwaltungsgebäude. Durch die Gemeindegebietsreform 1978 ist der kleine Ort zu einer stattlichen Verwaltungseinheit geworden. Dazu gehören seitdem unter anderem Marienberg – benannt nach seinem Kirchlein Mariä Heimsuchung –, einer der schönsten Aussichtspunkte über dem Inntal zwischen Rosenheim und Wasserburg, sowie die Urpfarrei Rosenheims, Pfaffenhofen.

Der »Blick über die Stadtgrenzen« kann nun weiterschweifen zu den zahlreichen Attraktionen im Landkreis und bei seinen Nachbarn. Besonders naheliegend ist natürlich ein Ausflug in die Berge, etwa auf den Rosenheimer Hausberg, die Hochries, oder auf den Wendelstein, der von Brannenburg aus mit einer Zahnradbahn erreichbar ist. Wer kein Gipfelstürmer ist, findet in der Gegend aber durchaus auch andere landschaftliche Schönheiten: zahlreiche Seen locken zum Baden oder zum Wandern an ihren Ufern. Die (auch von der schieren Ausdehnung her) größte Attraktion ist dabei der Chiemsee mit seinen beiden bewohnten Inseln, die immer einen Besuch wert sind: die Herreninsel mit dem Schloss König Ludwigs II. und die Fraueninsel mit ihrem uralten Kloster. Aber auch das große Moorgebiet zwischen Raubling, Bad Feilnbach und Kolbermoor prägt die Umgebung seit jeher. Deswegen hat die Gemeinde Bad Feilnbach die Moorerlebnis-Station Sterntaler Filze eingerichtet. Aber auch ein Ausflug innabwärts lohnt sich, nach Rott mit seiner berühmten Rokokokirche oder in die alte Stadt Wasserburg, die idyllisch in einer Innschleife liegt.

Aber alles vorzustellen, was in der Umgebung sehens- und erlebenswert ist, das wäre Thema eines eigenen Buches …

Nicht immer hat der heilige Florian den Ort wirkungsvoll beschützt – aber ohne den verheerenden Brand Ende des 19. Jahrhunderts wäre Neubeuern nicht das, was es heute ist.
St. Florian did not always protect the place effectively, but without the devastating fire at the end of the 19th century, Neubeuern would not be what it is today.

Gleich hinter Rohrdorf erhebt sich der Samerberg.
The Samerberg mountain just behind Rohrdorf village

Heute Teil von Raubling: Großholzhausen vor der Bergkulisse
The village of Großholzhausen, with a background of mountains, is now part of Raubling.

Großkarolinenfeld entstand vor etwa 200 Jahren als Siedlung pfälzischer Kolonisten.
Grosskarolinenfeld was founded 200 years ago as a settlement for people from the Pfalz area.

Das ehemalige Spinnereigelände von Kolbermoor ist heute zu einem attraktiven städtischen Schwerpunkt geworden.
The former spinning mill at Kolbermoor is now an attractive municipal focal point.

Früher Edelsitz, heute Verwaltungssitz: Schloss Schechen dient inzwischen wieder einem ähnlichen Zweck wie einst.
Schloss Schechen, which used to be the domicile of nobility, now houses administration offices and serves a similar purpose again.

Eine vielgestaltige Großgemeinde mit intaktem dörflichen Kern: Stephanskirchen am Simssee
A large varied community which is still a village at heart; the St. Stephan Church on lake Sims

Blick auf die Kur- und Thermenstadt Bad Aibling
A view of the spa town Bad Aibling with its thermal baths

Zum Schloss Maxlrain gehören eine Brauerei, ein landschaftlich wunderschöner Golfplatz sowie eine Brauereiwirtschaft, die für ihre gute Küche bekannt ist.
The Schloss Maxlrain complex includes a brewery, an idyllically situated golf course and a brewery inn which is renowned for its good food.

Schloss Herrenchiemsee wurde von König Ludwig II. errichtet und ist die zweifelsohne wichtigste Touristenattraktion des Rosenheimer Landes.
The Herrenchiemsee palace was built by King Ludwig II and is by far the most important tourist attraction in the Rosenheim region.

Die Fraueninsel im Chiemsee erstrahlt im letzten Novemberlicht und zeigt kurz vor der Dämmerung ihre Schönheit.
The Fraueninsel, an island in the Chiemsee, is lit up by the late November light and reveals its beauty shortly before dusk.

Enoch zu Guttenberg dirigiert beim Schlosskonzert in der Spiegelgalerie, die dafür einen wunderbaren Rahmen darstellt.
Enoch zu Guttenberg conducts the orchestra during a concert in the Spiegelgalerie (gallery of mirrors) of the Herrenchiemsee palace, a truly unique setting.

Die berühmte Spiegelgalerie von Schloss Herrenchiemsee
The famous mirror gallery at the Palace of Herrenchiemsee

Wasserburg am Inn mit seinem sehenswerten historischen Stadtkern
Wasserburg on the Inn with its lovely historical centre

Die Kirche von Rott am Inn – ein Meisterwerk des Rokoko
The church at Rott on the Inn is a Rokoko masterpiece.

Vom Gipfel des Heubergs kann der Wanderer einen wunderbaren Blick über das Voralpenland genießen.
Hikers can enjoy a breathtaking view of the alpine uplands from the summit of the Heuberg.
Der Gipfel der Hochries mit seiner Alpenvereinshütte ist mit einer Seilbahn bequem zu erreichen (rechts).
The summit of the Hochries with its Alpenvereinshütte (Alpine Club cabin) can be reached conveniently by cable car (right).

Mit einer Zahnradbahn kann man sich in langsamem Tempo auf den Wendelstein chauffieren lassen, um das großartige Bergpanorama zu genießen.
A rack-and-pinion railway takes you at a leisurely pace to the summit of the Wendelstein, where you can enjoy the spectacular mountain panorama.

Die Kampenwand hat die Form eines Hahnenkamms. Der Chiemsee ist zum Greifen nahe.
The Kampenwand is shaped like a cockscomb. The Chiemsee looks so close you feel you could almost touch it.
Folgende Doppelseite: Ein Blick vom Turm der Kunstmühle
Following double page: A view from the tower oft the Kunstmühle

PFASCH

DANK

Der Autor bedankt sich bei vielen Personen, ohne die das Buch nicht entstanden wäre:
Oberbürgermeisterin Gabriele Bauer
Helmut Cybulska
F. Raimund Ellinger
Flugplatz Bad Endorf
Freiwillige Feuerwehr Aising
Monika Hauser
Walter Leicht
Raphael Lichius
Karl Mair
Siriporn Nathibal
Werner Oeckler
Gertraud Pfaffeneder
Polizeidirektion Rosenheim
Ludwig Stocker
Mirco Strohal
Dagmar Voß
Ludwig Weinberger
Anja Zirngibl

Besuchen Sie uns im Internet:
www.rosenheimer.com

2., erweiterte Auflage

Alle Fotos im Buch sowie auf der Buchvorderseite und dem Rückendeckel stammen von Klaus G. Förg, Rosenheim.
Die Texte sowie die Bildunterschriften erstellte Bernhard Edlmann, Raubling, im Einvernehmen mit der Stadt Rosenheim.

Übersetzung der Bildunterschriften ins Englische: Suzanne Frank-Kilner, München und Susan Haynes-Huber, Schechen
Kartenskizzen S. 4, 6 und 16: Sebastian Schrank, München
Satz: Bernhard Edlmann Verlagsdienstleistungen, Raubling und SF-Design GmbH, Stefan Felder, Rosenheim
Bildbearbeitung: Fotoweitblick Bildbearbeitung, Bad Aibling und Photodesign Richard Wöhrl, Rosenheim
Druck und Bindung: Himmer AG, Augsburg
Printed in Germany

ISBN 978-3-933708-39-7